KB206166

세계관과 삶 시리즈 1

비전인가 욕망인가

신동식 지음

비전인가 욕망인가

2021년 10월 30일 초판 1쇄 발행

지은이 | 신동식

펴낸이 | 신덕례

디자인 | 김 선

편 집 | 권혜영

교정교열 | 허우주

유통 | 기독교출판유통

펴낸곳 | 우리시대

경기 고양시 덕양구 마상로 102번길 53

woorigeneration@gmail.com

ISBN 979-11-85972-42-8

      979-11-85972-41-1(세트)

비전이라는 이름의 욕망을 품고 사는 이들에게

목차

서문

서문

_____

　이 책은 온라인 강의에서 나온 질문에서 시작되었습니다. 비전과 욕망의 차이를 알려달라는 질문이었습니다. 당일에는 답변을 할 시간이 모자랐습니다. 그래서 마음에 짐이 있었습니다. 정직한 질문에 정직한 답변을 추구하는 입장에서 제대로 답변을 하지 못한 것이 마음 한구석에 남았습니다. 그러다가 이 문제를 쉽게 풀어서 나눠야겠다는 생각이 들었습니다.

　그리고 짧은 책으로 나오게 되었습니다. 감사하게도 이 책을 시작으로 기독교 세계관과 삶 시리즈를 내기로 하였습니다. 삶의 문제에 대한 질문들에 답을 하는 작은 책자로 나누고자 합니다.

시작은 가볍게 하였지만, 앞으로의 여정은 흥미진진할 것 같습니다.

이번 책은 비전과 욕망, 욕망과 비전의 차이를 11가지의 질문을 통해서 나누고자 합니다. 그리고 긴 글이 아니라 짧은 내용을 담았습니다. 그렇다고 가볍지는 않습니다. 함께 생각할 내용들이 있으리라 생각합니다.

비전과 욕망에 대하여 고민하였던 분들이라면 좋은 대화 상대가 나왔다고 생각합니다. 나의 나 됨이 어디에 있는지 고민하면서 좋은 동행이 되기를 바랍니다.

한 권의 책을 출산하기까지는 많은 이들의 손길이 있습니다. 허우주 형제, 권혜영, 김선 자매와 원고를 읽고 좋은 의견을 준 믿음의 동지들에게 감사를 드립니다.

그리고 귀한 추천서를 써 주신 김현권 목사, 손진호 목사, 박희원 목사, 임민철 목사에게 감사를 드립니다. 책이 나올 때마다 첫 번째 독자가 되어주는 아내에게 감사를 드립니다.

2021년 9월 15일
소명의 땅 원당에서 신동식 목사

1장. 우리가 비전이라 말하는 것이 욕망은 아닐까?

"예배당이 지하네요?"

　오래전 신앙과 교회의 문제를 가지고 찾아왔던 한 가정이 상담 후에 예배당을 보고 난 후 한 말입니다. 그리고 아무 말 없이 사라졌습니다. 요즘은 교회를 선택할 때 아이들 교육 시스템과 주차장을 본다고 합니다. 아무래도 불편한 것을 원치 않기 때문일 것입니다. 그런데 이들의 말을 잘 들어보면 자신의 영적인 문제가 중심이 아닙니다. 바른 복음을 통하여 예수 그리스도를 아는 풍성함 가운데 거하는 것이 우선순위가 아닙니다. 예수님을 만나도 편하게 만나고 싶어 합니다. 이들에게 있어서 교회는 자신의 욕구를 충족시키는 도구입니다. 예수님은 삶의 푯대가 아니라, 세상에서 성공하는 데 필요한 자산으로 생각합니다. 그래서 불편은 참을 수가 없습니다.

예수님을 만나는 이유에서도 욕망과 비전의 모습이 혼재해 있음을 봅니다. 이 부분을 잘 분별하지 않으면 참으로 부끄러운 신앙이 됩니다. 욕망을 가장한 그리스도인의 비전만큼 추한 것이 없습니다. 그래서 비전과 욕망의 모습을 정확하게 인식하는 것이 중요합니다.

사실 살면서 이해가 되지 않는 일들을 경험합니다. 그 가운데 비전과 욕망에 관한 생각은 가끔 고개를 갸우뚱하게 합니다. 욕망은 보통 세속적인 성공을 의미합니다. 비전은 자신에게 주어진 삶의 의미를 발견하여 성취함을 의미합니다. 여기에 세속적인 욕망도 포함되어 있습니다. 그래서 비전은 강조하지만, 욕망은 비판합니다. 자세하게 들여다보면 비전이라 말하는 것이 욕망의 모습일 수 있습니다. 무엇이 비전이고, 욕망인지 헷갈릴 수 있습니다. 원인은 비전과 욕망, 욕망과 비전의 차이를 명확하게 인지하지 않아 생기는 착시 현상입니다. 비전이라 말하지만, 실제는 욕망의 모습이기 때문입니다. 물론 이 갈등은 그리스도인에게 한정합니다. 세상은 비전과 욕망이 차이가 별로 없습니다. 비전이 욕망이고, 욕망이 비전입니다. 그래서 갈등이 거의 없습니다. 그러나 그리스도인은 비전과 욕망 사이에 갈등을 강력하게 가지고 있습니다. 성경이 말하는 것과 세상이 요구하는 것 사이에서 **갈등합니다**. 그리스도의 제자로 사는 것과 영향력 있는 삶 사이에 충돌이 있습니다. 열심히 사는 것이 비전을 이루는 것인지, 욕망을 추구하는 것인지 혼동될 때가 있습니다.

요즘은 많이 사라졌지만 미숙한 교회 시대에는 예배 순서지 광고란에 OO 대학교 들어갔다는 소식이 실리기도 하였습니다. 지금도 시골에 가면 마을 어귀에 각종 성공 현수막이 걸린 것을 볼 수 있습니다. 입신양명이 삶의 목적이기 때문입니다. 그러다 보니 비전을 강조하는 명목으로 욕망을 자극합니다. 그 사람이 하는 일의 선함과 영향력보다는 연봉이 평가의 기준이 되고, 선망의 대상이 됩니다.

성경은 분명 비전의 사람이 되는 것을 막지 않습니다. 그러나 욕망의 사람이 되는 것을 거부합니다. 믿음의 사람들은 앞에 있는 좋은 것을 위하여 살았습니다. 모세를 설명하는 히브리서의 기록을 보면 "그리스도를 위하여 받는 능욕을 이집트의 모든 보화보다 더 큰 재물로 여겼으니 이는 상주심을 바라봄이라[히 11:26]"라고 말합니다. 욕망이 아니라 비전을 위하여 살았습니다.

비전과 욕망을 바로 이해하는 것은 믿음의 여정에 정말 중요하고 의미가 있습니다. 교회도, 목사도, 성도도 모두가 바르게 이해하고 정리해야 합니다. 앞으로 살펴볼 비전과 욕망에 관한 이야기는 단순하지만, 한 번쯤은 고민했던 이야기일 수 있습니다. 지금 내가 가고 있는 길이, 내가 하고 있는 일이 비전인지 욕망인지 살펴보고, 내면에서부터 들려오는 소리에 정직하게 대면하는 일이 필요합니다.

시대의 어수선함 속에서 길을 잃지 않고 바르게 걸어가려면 표지판이 분명해야 합니다. 지금부터 비전과 욕망의 표지판을 하나씩 세워봅니다.

2장. 삶의 목적

———————

비전과 욕망은 "무엇"에 따라서 같기도 하고 다르기도 합니다. 그래서 바르게 이해하고 분별해야 합니다. 비전과 욕망은 함께 공생하기 때문에 구분하는 일이 무엇보다 중요합니다.

무엇은 목적을 의미합니다. 방법이 아닌 목적을 가리킵니다. 무엇을 위하여 사는지를 묻습니다. 사람의 제일 되는 목적을 묻습니다. 무엇에 따라서 같은 일을 하면서도 비전을 이루기도 하고, 욕망을 따르기도 합니다. 비전의 사람이 되기도 하고, 욕망의 노예가 되기도 합니다. 내가 비전의 사람인가? 욕망의 사람인가? 이 질문에 답을 알아보려면 "무엇" 즉 삶의 목적을 생각하면 됩니다.

욕망은 자기중심의 권력을 목적합니다. 삶의 목적이 여기에 집중합니다. 무엇을 위하여 사느냐 물을 때 자기숭배를 추구합니다. 자신이 우선됩니다. 모든 것이 자기중심으로 재편됩니다. 놀이, 공부, 직업, 정치 등 모든 부분에서 자기중심의 권력을 추구합니다.

이스라엘 역사 가운데 자기중심의 권력을 욕망한 사람은 이세벨과 그의 딸 아달랴입니다. 이세벨은 권력의 힘을 나타내기 위하여 힘없는 농부 나봇의 포도원을 빼앗습니다.(왕상 21장) 자신을 반대하는 선지자 엘리야를 죽이려고 합니다. 자신의 권력을 유지하기 위하여 모든 것을 자기중심으로 재편합니다. 이러한 모습은 그의 딸인 유다의 왕비였던 아달랴를 통하여 확장됩니다. 아달랴는 자신의 권력을 유지하고자 왕자들을 학살하는 끔찍한 일을 벌입니다.

이는 역사상 가장 잔인한 통치자들의 모습에서 여전히 계승됩니다. 헤롯과 로마의 황제 칼리굴라를 비롯한 잔인한 황제들을 봅니다. 이탈리아의 무솔리니. 독일의 히틀러, 우간다의 학살자 이디 아민, 소련의 스탈린, 북한의 김일성 등을 봅니다. 이들의 모습에서 공통적으로 볼 수 있는 것은 바로 자기중심의 권력 욕망입니다.

사람들이 이렇게까지 가지 않더라도 자기중심의 권력을 추구한다면 그는 잠재적 독재자입니다. 이러한 모습을 가진 재벌들의 이야기를 듣습니다. 우리가 잘 아는 땅콩 회항, 자식을 위하여 폭력을 행사한 재벌, 직원들을 골프채로 폭행한 대표, 법을 권력으로 이용하는 집단들이 다 같습니다. 이들에게 강력한 독재의 길을 열어주면 히틀러의 길을 갈 수 있습니다. 자기중심의 권력을 추구하는 것은 욕망입니다.

비전은 타자중심의 섬김을 욕망합니다. 자신이 하는 모든 것들이 타자중심입니다. 이것은 타락한 인간의 본성에 거슬립니다. 타락한 본성은 늘 자신을 욕망합니다. 그러나 그리스도인의 비전은 예수님의 마음을 품는 일입니다. 예수님은 자신이 이 땅에 온 것은 섬김을 받음이 아니라 섬기려 왔다고 하셨습니다. 인류를 구원하시고자 자신을 내어주심이 예수님의 삶이었습니다. 이것이 예수님의 비전입니다. 이렇듯 나의 나 됨을 통하여 이웃을 섬기고자 하는 것이 삶의 목적일 때 비전이라고 합니다.

그래서 열심히 공부하는 목적이 남을 도와주기 위함이고, 열심히 버는 것이 힘들고 어려운 이들을 돕기 위함입니다. 이 목적을 위하여 자신을 계발하고 훈련시킵니다. 성경은 비전의 사람들이 가지고 있는 모습을 나타내기를 먹든지, 마시든지, 무엇을 하든지 다 하나님의 영광을 위하라고 강조합니다. 철저하게 예수님의 삶을 따름입니다. 이렇게 첫 번째 표지판을 세워봅니다.

3장. 수단

_____

두 번째 표지는 "어떻게"에 따라서 같기도 하고 다르기도 합니다. 비전과 욕망은 종이 한 장 차이입니다. 그래서 오해할 때가 많이 있습니다. 비전과 욕망을 분별하는 두 번째 표지는 목적을 이루는 과정에서 그 실체가 드러난다고 할 수 있습니다. 목적을 위하여 수단을 가볍게 여긴다면 그것은 "욕망"입니다. 욕망은 수단과 방법을 가리지 않고 결과만을 추구하기 때문입니다. 내가 하고자 하는 일의 정체성이 중요하지 않습니다. 그 일을 성취하기만 하면 됩니다.

학생이 공부를 열심히 하고 시험을 잘 보는 것은 중요합니다. 노력한 만큼 결과가 나오기 때문입니다. 그런데 점수와 등수라는 목적이 중요하여서 다른 사람의 시험 답안을 훔쳐본다면 무슨 의미가 있겠습니까? 그러나 실제 현실에서는 이러한 부정이 참으로 많이 있습니다. 한때 커닝하지 말자는 캠페인이 있었습니다. 무감독제도를 시행하는 학교가 유명세를 치를 정도였습니다.

욕망은 수단과 방법이 중요하지 않고 목적만 이루면 됩니다. 한국 부모들의 자식들에 대한 욕망은 전 세계적으로 유명합니다. 치맛바람이라는 말이 있을 정도입니다. 모두가 치맛바람에 한 번씩 가담하였을 것입니다. 이 바람이 너무 거세어서 촌지라는 B급 문화를 만들었습니다. 감사하게도 김영란법이라 불리는 청탁금

지법이 만들어지면서 없어지게 되었습니다. 김영란법이 있다는 것 자체가 인간이 가진 욕망의 추구가 얼마나 거대한지를 보여줍니다. 법이 아니면 멈출 수 없는 것이 욕망입니다. 그러나 내면의 욕망은 법도 막을 수 없습니다.

물론 직접적으로 부정을 통하여 목적을 성취하지 않더라도 수단을 가볍게 여긴다면, 욕망하는 것입니다. 부정한 수단을 대수롭지 않게 여길 때, 욕망은 삶을 지배합니다. 여기에 늘 사용되는 말이 있습니다. 나 혼자쯤은 괜찮지 않을까? 그게 얼마나 대단하다고 그러냐? 눈 한 번 찔끔 감으면 되지 않을까? 다른 사람에게 크게 피해도 주지 않는 것인데 너무 빡빡하게 행동하는 것 아닐까? 이러한 생각에 사로잡히면 반드시 욕망의 노예가 됩니다.

비전은 목적을 이루는 수단에 대하여 깊은 고뇌가 있습니다. 타락한 세상에서 고귀한 존재로 산다는 것은 정말 힘든 일입니다. 홀로 산속에 들어가서 살 수 없다면 타락한 세상에서 부딪쳐 살아야 합니다. 그러니 얼마나 힘들고 어렵겠습니까? 그리스도인은 세상을 떠나 사는 사람이 아니라 세상 속에 사는 사람입니다. 그러나 세상과 혼합되어 살지 않습니다. 이것이 힘든 부분입니다. 의미는 분명한데 실천은 정말 어렵습니다. 하지만 피하여 살 수 없습니다.

비전을 가진 사람은 수단과 과정에 최선의 방법을 찾아냅니다. 정직한 것의 열매는 결코 후회가 없다는 믿음이 있습니다. 그래서 자신에게 주어진 삶에서 정직한 땀을 흘리고, 이웃을 위한 섬김이 무엇인지 찾아냅니다. 같은 일을 하더라도 비전을 가진 사람은 세상을 다르게 바라봅니다. 자기중심으로 바라보지 않으려고 애를 씁니다. 때론 실패가 있고, 무너지는 것을 경험하고, 광야와 같은 힘든 시간을 보낼 수 있지만, 포기하지 않습니다. 끝까지 인내하면서 목적을 이루기 위하여 분투합니다. 이러한 자세가 있다면 그는 비전의 사람입니다. 이것이 두 번째 표지판입니다.

4장. 자족함

_____

"만족"하느냐에 따라 욕망과 비전은 같기도 하고, 다르기도 합니다. 욕망과 비전은 다 만족을 추구합니다. 만족을 소망하지 않는 삶이란 존재하지 않습니다. 만족은 우리에게 심겨진 본질이기 때문입니다. 하나님은 사람을 창조하시고 땅에 충만하고, 번성하고, 다스리라고 하였습니다. 문화명령을 받은 것은 오직 인간뿐입니다. 이 놀라운 삶을 살 수 있는 것이 바로 하나님의 형상으로서의 인간의 독특성입니다. 문화명령을 충실하게 달성할 때 하나님이 주시는 희열이 있습니다. 그리고 감사가 있습니다. 이것이 만족의 다른 모습입니다. 그러나 죄로 인하여 타락한 인간은 만족에 대한 왜곡된 지식을 갖게 되었습니다. 여기에서 욕망과 비전의 경계선이 분명해집니다.

욕망은 개인적인 풍요와 평안 그리고 권력을 세우는 일에 만족함이 없습니다. 멈출 수 없는 풍요를 추구합니다. 부귀와 영광은 한계가 없다는 생각을 갖습니다. 끊임없이 개인적인 풍요를 추구합니다. 여기에 다른 사람의 동참을 용납하지 않습니다. 지극히 개인적이고 가족적입니다.

욕망은 개인적인 평안만을 강조합니다. 자신 밖에서 일어나는 일에 대하여 관심이 없습니다. 앞집에서 어떤 일이 벌어지든 관계없습니다. 오직 자신과 자신 가족의 평화만을 유지하면 됩니다. 아파트 문화가 확산

되는 것에는 개인적인 평화만을 추구하는 인간의 속성이 한몫하고 있습니다. 오직 자신과 가족의 평화를 지키고자 합니다. 이것이 잘못이냐고 묻는다면 결코 그렇지 않다고 답할 수 있습니다. 그러나 문제는 개인적인 평화가 모두를 위한 평화 추구로 진전되지 못할 때의 위기입니다. 사람들이 범죄의 현장을 보아도 신고하지 않는다고 합니다. 경찰서에 증인으로 다녀야 하는 것이 귀찮기 때문입니다. 개인의 평화가 공동체의 평화로 나가지 못하는 모습을 잘 보여줍니다.

욕망은 개인적인 권력을 소유하는 데 멈추지 않습니다. 권력이 주는 달콤함은 마약과 같기 때문입니다. 먹어도 먹어도 만족함이 없습니다. 그렇게 권력을 추구하다가 파멸에 이르게 됩니다. 만족함이 없는 것이 욕망입니다. 멈추지 않는 권력의 추구가 욕망입니다. 여기에 맛 들이면 죽어야 끝납니다.

비전은 자족함의 선을 인정하고, 남는 것을 흘려 보

내는 것이 행복임을 아는 삶입니다. 어떠한 형편에도 자족할 수 있음이 진정한 행복입니다[1]. 자족만큼 위대한 능력은 없습니다. 자족은 욕망을 이긴 자만이 누리는 행복입니다. 자족의 여유는 참으로 멋지고 아름답습니다. 자족의 삶에는 단순함이 있습니다. 복잡하지 않고 간단하게 살아갑니다. 자족의 삶은 유행에 따라 살지 않습니다. 유행에 따라 각종 옷을 사고, 물건을 사는 것은 욕망의 결과일 뿐 비전을 꿈꾸는 사람의 모습이 아닙니다. 자족이 없으면 이웃을 향하여 자신의 것을 흘려 보내는 삶을 살 수 없습니다. 자족은 만족함을 압니다.

아굴의 기도처럼 부하게 말고, 가난하게 말고 일용한 양식으로 감사할 수 있을 때 자신의 것을 흘려 보낼 수 있습니다[2]. 자족은 욕망을 이기는 가장 확실한 능력

---

1 내가 궁핍하므로 말하는 것이 아니라 어떠한 형편에든지 내가 자족하기를 배웠노니(빌 4:11)

2 내가 두가지 일을 주께 구하였사오니 나의 죽기 전에 주시옵소서, 곧 허탄과 거짓말을 내게서 멀리 하옵시며 나로 가난하게도 마옵시고 부하게도 마옵시고 오직 필요한 양식으로 내게 먹이시옵소서 혹 내가 배불러서 하나님을 모른다

입니다. 불만족과 자족이 욕망과 비전을 만들어냅니다. 자족은 늘 기도하면서 성령의 도우심을 구합니다. 성령의 인도함이 없이는 자족을 누릴 수 없음을 잘 알고 있기 때문입니다. 자족은 성령의 도우심이 있어야 가능합니다. 하지만 욕망은 기도하지 않습니다. 욕망은 성령의 개입을 싫어합니다. 욕망을 누릴 수 있는 길을 막는 장애물이 성령님이기 때문입니다. 오직 주체적 자유의지를 사용하고, 철저하게 성령님의 개입을 차단합니다.

비전과 욕망은 분명한 차이를 가지고 있습니다. 만족함이 없는 삶과 자족하는 삶입니다. 성령님을 의지하는 삶과 자신의 자유의지를 의존하는 삶입니다. 이것이 세 번째 표지판입니다.

여호와가 누구냐 할까 하오며 혹 내가 가난하여 도적질하고 내 하나님의 이름을 욕되게 할까 두려워함이니이다(잠 30:7-9)

5장. 물질과 권력에 대한 태도

    자신의 행동에 대해 정직한 평가를 하는 것은 쉬운 일이 아닙니다. "내로남불"이라는 말이 있듯이 자신이 하면 낭만이고, 남이 하면 불륜이라 생각하기 때문입니다. 남이 할 때는 비난하던 행위를 자신이 할 때는 합리화하는 태도를 자연스럽게 갖습니다. 그래서 비전과 욕망의 경계도 매우 어려운 것이 사실입니다.

이제 네 번째 표지를 생각하고자 합니다. "물질과 권력"에 대한 태도에 따라 확인할 수 있습니다. **물질과 권력이 삶의 중심 즉, 우선순위가 된다면 욕망입니다. 욕망은 물질과 권력을 숭배합니다.** 이 땅 사람들 가운데 돈과 권력을 싫어하는 사람이 없습니다. 적은 돈만 있어도 힘이 납니다. 돈이면 안 되는 것이 없다는 생각이 지배적인 시대입니다. 자본주의의 욕망이 가득 차 있는 시대를 살고 있습니다. 자본주의를 다른 체제보다 선호하는 이면에 이러한 욕망이 자리 잡고 있기 때문입니다. 자본주의가 자신의 역할을 넘어서면 참으로 추악한 얼굴을 보이게 됩니다.

예수님이 재물과 하나님을 겸하여 섬기지 말라고 하신 이유가 있습니다. 돈이 목적이 되기 시작하면 하나님은 도구가 되어 버립니다. 돈이 필요하여 하나님을 사용하는 것입니다. 이것이 번영신학이 초래한 악행입니다. 번영신학은 물질적 성공이 곧 축복이라고 생각합니다. 하나님의 축복을 돈으로 계산합니다. 가난한 사람을 무시하고, 하나님께 징계받은 것으로 몰고 갑니다. 이러한 자세는 하나님이 주신 지혜와는 전혀 다른 모습입니다. 지혜 없는 자가 이웃을 멸시합니다[3].

돈이 목적이 되는 자들은 반드시 믿음에서 떠나게 됩니다. 욕망은 믿음으로 인도하지 않습니다. 믿음의 자리에서 떠나게 만듭니다. 바울은 이 사실을 너무나 잘 알고 있었기에 믿음의 아들 디모데에게 신신당부하였습니다.

"부하려 하는 자들은 시험과 올무와 여러가지 어리석고 해로운 정욕에 떨어지나니 곧 사람으로 침륜과 멸망에 빠지게 하는 것이라 돈을 사랑함이 일만 악의 뿌리가 되나니 이것을 사모하는 자들이 미혹을 받아 믿음에서 떠나 많은 근심으로써 자기를 찔렀도다[딤전 6:9-10]"

---

3   지혜 없는 자는 그 이웃을 멸시하나 명철한 자는 잠잠하느니라(잠 11:12)

믿음의 자리에서 떠날 뿐 아니라 멸망의 자리에 이르게 됩니다. 돈을 사랑하는 것은 삶의 목적이 되어서는 안 됩니다. 세속적 욕망의 종착점은 항상 돈을 사랑함입니다.

그러나 돈만이 아닙니다. 권력 지향적이 됩니다. 권력은 참으로 무서운 양날의 칼입니다. 사람을 살리기도 하고, 죽이기도 합니다. 권력은 필요악입니다. 없으면 안 되고, 있으면 해가 될 일이 많습니다. 그래서 권력은 잘 다스려야 할 도구입니다.

사람들은 작은 권력만 있어도 휘두르고 싶어 합니다. 자신에게 주어진 권력에 맛을 들이면 헤어 나올 수 없습니다. 권력은 마약입니다. 그래서 중독이 되지 않도록 집중하여야 합니다. 그렇지 않으면 권력에 취하여 하나님을 버리게 됩니다. 이스라엘이 분열의 역사에서 보여주는 악행은 바로 권력에 취하여 하나님을 버리고 우상숭배의 자리에 서는 모습입니다. 선지자들이 목숨을 걸고 강조하였던 선포는 권력을 주신 하나님의 뜻을 기억하라는 말씀입니다. 권력자는 하나님의 뜻을 이루는 존재이지, 자신이 하나님이 아닙니다. 그러나 권력은 종종 권력을 가진 자를 하나님의 반열에 올려놓습니다. 이렇게 권력을 통하여 통치자의 기쁨을 누리려는 것은 욕망입니다. 재물과 권력은 하나님의 선물입니다. 바르게 사용한다면 하나님을 기쁘게 합니다.

하나님이 다윗을 보시고 "내 마음에 합한 자[4]"라고 하셨습니다. 그렇게 말씀하심은 다윗이 자신에 주어진 권력을 하나님의 뜻을 이루는 일에 사용했기 때문입니다. 하나님의 뜻은 하나님을 사랑하고 이웃을 사랑하는 일입니다. 하나님의 마음에 합한 다윗은 목동의 자리에서 통치자의 자리로 이동하였지만, 그 자세는 변함이 없었습니다. 자신에게 맡겨진 소명에 충실하였

---

4 폐하시고 다윗을 왕으로 세우시고 증거하여 가라사대 내가 이새의 아들 다윗을 만나니 내 마음에 합한 사람이라 내 뜻을 다 이루게 하리라 하시더니(행 13:22)

습니다. 권력이 주어졌고, 재물이 많아졌지만, 소명에 흔들리지 않았습니다. 다윗은 하나님의 뜻을 이룬 정직한 왕이었습니다.

유다 왕 요시야에 대한 기록 역시 권력자가 어떠해야 함을 보여줍니다. 다윗 이후에 가장 경건한 왕이라 칭함을 받았던 요시야에 대한 평가는 권력을 가진 자의 자세가 어떠해야 함을 잘 보여줍니다.

"요시야가 여호와 보시기에 정직히 행하여 그의 조상 다윗의 모든 길로 행하고 좌우로 치우치지 아니하였더라[왕하 22:2]"

요시야는 하나님 보시기에 정직히 행하였습니다. 요시야는 코람데오의 삶을 실천하였습니다. 왕으로서 정직히 행하는 것은 최고의 덕목입니다. 정직함이 공동체를 건강하게 만들기 때문입니다. 요시야 역시 다윗의 길을 따랐습니다. 하나님 마음에 합한 왕이라는 의미입니다.

권력과 물질이 욕망이 아니라 비전이 되려면 자족함을 가져야 합니다. 자족할 때 하나님 마음에 합한 삶을 살 수 있습니다. 자족함은 자신과 공동체를 건강하게 만듭니다. 바울은 믿음의 아들인 디모데를 향하여 자족하는 마음이 있으면 경건이 큰 이익이 된다고 하였습니다[5]. 영적인 경건은 바른 분별력을 갖게 하고, 인격의 성숙을 가져옵니다. 그래서 권력과 물질을 삶의 목적으로 삼지 않습니다.

비전은 물질과 권력을 도구로 인식합니다. 하나님을 기쁘게 하는 도구입니다. 그래서 물질과 권력이 주어지면 누구보다도 더 많은 이들을 돕고자 합니다. 선한 일을 할 수 있는 기회를 주신 하나님께 감사를 드립니다. 하나님은 이들이 섬길 수 있는 기회를 계속하여 주십니다. "구제를 좋아하는 자는 풍족하여질 것이요 남을 윤택하게 하는 자는 윤택하여지리라[잠 11:25]" 자신에 주어진 것을 나누고 흘려 보내는 일에 기쁨과 보

---

5 그러나 지족하는 마음이 있으면 경건이 큰 이익이 되느니라(딤전 6:6)

람을 느낍니다. 감사가 흘러나옵니다. 비전의 사람은
이 시대의 풍습에 저항합니다.

"네가 이 세대에 부한 자들을 명하여 마음을 높
이지 말고 정함이 없는 재물에 소망을 두지 말고
오직 우리에게 모든 것을 후히 주사 누리게 하시
는 하나님께 두며 선한 일을 행하고 선한 사업에
부하고 나눠주기를 좋아하며 동정하는 자가 되게
하라[딤전 6:17-18]"

물질과 권력은 하나님 나라에 중요한 도구입니다.
그러나 목적이 아닙니다. 하나님 나라를 바르게 세우
는 도구로 주셨습니다. 도구를 도구로 알고서 최선을
다하여 사용하려고 하는 자세가 바로 비전입니다. 욕
망은 도구를 숭배하고 소망을 둡니다. 비전은 선한 사
업에 부하고, 나눠주기를 좋아합니다. 비전은 장래에
참된 생명을 얻습니다. 이것이 네 번째 표지판입니다.

6장. 지배받음

———————

사람이 존귀한 이유는 하나님의 형상으로 창조되었다는 사실에 있습니다. 하나님의 형상이 함의하고 있는 것은 인격적인 존재라는 사실입니다. 여기에는 선을 행할 수 있는 자유의지도 있습니다. 그래서 사람은 마음껏 하나님을 찬양하고 경배하는 삶을 살 수 있습니다. 하나님은 인격적인 존재인 사람에게 의미 있는 일을 맡기셨습니다. 바로 "문화명령"입니다. 사람이 타락하기 전에 창조의 영광이 온전히 빛나고 있는 에덴동산을 주시고 내리신 명령입니다.

"하나님이 가라사대 우리의 형상을 따라 우리의 모양대로 우리가 사람을 만들고 그로 바다의 고기와 공중의 새와 육축과 온 땅과 땅에 기는 모든 것을 다스리게 하자 하시고 하나님이 자기 형상 곧 하나님의 형상대로 사람을 창조하시되 남자와 여자를 창조하시고 하나님이 그들에게 복을 주시며 그들에게 이르시되 생육하고 번성하여 땅에 충만하라, 땅을 정복하라, 바다의 고기와 공중의 새와 땅에 움직이는 모든 생물을 다스리라 하시니라[창 1:26-28]"

생육하고 번성하여 땅에 충만하고, 땅을 정복하고, 모든 생물을 다스리라고 하셨습니다. 이것은 폭력적인 지배와 파괴적인 난개발을 의미하지 않습니다. 하나님은 자신의 창조세계를 그렇게 무너지게 하지 않으셨습니다. 그것을 분명히 하기 위하여 아담과 하와에게 구체적인 명령을 주셨습니다.

> "여호와 하나님이 그 사람을 이끌어 에덴 동산에 두사 그것을 다스리며 지키게 하시고(창 2:15)"

동산을 다스리게 하였습니다. 다스림(아바드)은 동산에 옷을 입히는 것이고, 경작하는 것이고, 일하는 것입니다. 즉 문화를 만드는 일입니다. 또한 지키다(샤마르)는 보호하고, 보존하고 책임지는 일입니다. 하나님은 결코 창조세계를 그대로 내버려 두지 않게 하셨습니다. 그렇다고 난개발로 파괴하라고 하지 않으셨습니다. 문화를 만들고 책임 있게 보존하는 일을 감당하는 것이, 하나님의 형상으로서의 사람의 책무입니다.

이렇게 사람은 하나님의 대리 통치자로 세움을 입었습니다. 그 책임이 무엇보다도 막중합니다. 하지만 하나님을 반역하고 불순종함으로 대리 통치자의 사명에 왜곡이 일어났습니다. 타락으로 인류는 스스로 왕이 되어 통치하기 시작했습니다. 대리 통치자의 사명을 잊어버렸습니다. 타락한 인류는 브레이크 없는 자동차와 같이 되었습니다. 주권적인 통치자가 되어 자신의 욕망을 성취하는 것에 전념하였습니다. 타락으로 인하여 하나님과 분리되고, 스스로의 욕망에 빠지자 창조세계는 망가졌습니다. 이것이 오늘날 문화의 오염과 자연과 기후의 위기를 가져왔습니다.

이러한 왜곡은 비전과 욕망의 현장에 고스란히 남아있습니다. 그리스도인 된다는 것은 대리 통치자의 의미를 회복함을 의미합니다. 그리고 온전히 하나님의 지배를 받으며, 하나님의 목적인 창조경륜을 순종하는 일입니다. 하지만 육신을 입고 있는 그리스도인은 여전히 죄의 욕망으로 실패할 때가 많습니다. 그 모습이 삶에 대한 자세에서 나타납니다. 욕망과 비전은 나의 나 됨을 늘 질문합니다.

이렇듯 무엇에 지배를 받고 있느냐에 따라서 욕망과 비전이 같기도 하고, 다르기도 합니다. 우리는 하나님 나라를 꿈꾸는 사람이면서, 욕망하는 사람입니다. 그러나 이 비전과 욕망이 분명하게 구분되는 지점이 있습니다. 그 지점은 지배의 영역입니다. 이것이 다섯 번째 표지입니다.

하나님의 형상으로 창조받은 자로서 성공에 지배를 받고 사느냐, 소명에 지배를 받고 사느냐에 따라서 욕망과 비전의 삶이 구분될 수 있습니다. 성공에 지배를 받고 산다는 것은 성공이 삶의 목적이 됩니다. 성공을 위하여 무엇이든 할 수 있습니다. 여기서 성공은 세속적인 지위 향상을 의미합니다. 을의 자리가 아니라 갑의 자리에 서는 일입니다. 저지대가 아니라 고지대를 소망합니다. 존경받는 자리가 아니라 부러움의 자리에 서는 것입니다. 역사의 인정이 아니라 현실의 대우가 중요합니다. 내면의 소리에 민감한 것이 아니라 외부의 시선을 즐기는 것입니다. 성공의 지배를 받으면 그러합니다.

광고를 보면 성공이 주는 쾌감을 알려줍니다. 좋은 차와 넓은 집에 지배를 받습니다. 성공하여 우선 하고 싶은 것은 집과 차를 사는 것이라고 말하는 연예인 지망생들의 모습에서 그 모습을 볼 수 있습니다. 성공에 지배를 받으면 무엇을 하든지 욕망입니다.

반면에 비전은 소명에 지배를 받습니다. 자신을 부르신 하나님을 생각하며 살아갑니다. 자신을 부르신 이유를 묵상합니다. 소명에 따라 살기에 세속적 욕망과 싸울 수 있습니다. 소명이란, 하나님이 우리를 그분께로 부르셨기에, 우리의 존재 전체, 우리의 행위 전체, 우리의 소유 전체가 특별한 헌신과 역동성으로 그분의 소환에 응답하여 그분을 섬기는 데 투자된다는 진리입니다[6]. 비전은 세상의 성공이 목적이 아니라 하나님의 뜻을 순종하는 일입니다. 이스라엘의 지도자로

---

6 신동식, 『청년 길을 찾다』,(고양: 우리시대, 2018), 37

광야를 훈련의 장으로 삼았던 모세, 노예 해방을 위하여 일평생 헌신하며 온갖 죽음의 고비를 견디어 냈던 윌리엄 윌버포스, 최고의 외과의사의 명성보다는 가난한 사람들을 위하여 자신의 재능을 바치고 자발적 불편을 살았던 장기려 박사 등이 소명의 사람입니다[7]. 이들의 모습에서 볼 수 있는 것은 소명에 지배를 받으므로 성공이라는 욕망과 싸워서 이긴 삶입니다. 이 싸움에서 승리한다는 것은 쉬운 일이 아닙니다. 어렵고 고단한 일입니다. 그러나 포기하지 말아야 할 싸움입니다. 좁은 길을 걸어가는 그리스도인이 반드시 겪고 이겨야 하는 싸움입니다.

성공에 지배를 받고 사는가? 소명에 지배를 받고 사는가? 이 갈림길에서 욕망과 비전의 모습이 달라집니다. 모두가 힘을 다하여 살아갈 때 그 중심이 무엇에 지배를 받고 있는지 잘 살펴야 합니다. 욕망의 사람이 아닌 비전의 사람이 되는 길은 협착하고 좁은 길입니

7 신동식, 『청년 길을 찾다』, 39-40

다. 하지만 그 길이 하나님을 기쁘게 하는 영광의 길입니다.

7장. 사랑

재물과 허영과 권력과 행복을 원하지 않는 사람이 없습니다. 우리가 시간과 노력과 힘을 다하여 공부하는 이유도 상당 부분 여기에 있습니다. 땀의 대가는 하나님의 마음입니다. 그래서 일하기 싫은 자는 먹지도 말라고 하셨습니다. 이 말씀은 부지런히 일하여서 소산을 누리라는 말씀입니다. 솔로몬의 잠언에서 강조하는 것은 부지런함과 한결같음입니다. 게으름과 변덕은 하나님이 주시는 부를 누릴 수 없습니다. 하나님은 악하고 게으른 자에게 자신의 것을 맡기지 않으십니다. 악하고 게으른 자는 쉽게 결과를 얻으려고 합니다. 사기를 치고, 거짓을 말하고, 핑계를 말합니다. 놀면서 먹을 수 있는 길을 찾습니다. 자신이 멸망의 구렁텅이로 가고 있다는 사실을 알지 못합니다.

하나님은 자녀들이 행복하기를 원하십니다. 그래서 부지런하게 경영한다면 풍성하게 될 것이라고 말씀하십니다(잠 21:5). 예수님은 부 자체를 책망하지 않으셨습니다. 믿음으로 행하지 않는 욕망으로서의 부를 책망하셨습니다. 부자와 거지 나사로의 이야기에서 예수님은 부가 아니라 탐욕이 문제임을 말씀하셨습니다. 탐욕이 부의 가치를 추악하게 만들었습니다. 결국 수치스러운 결말에 이른 것을 봅니다. 누구라도 믿음으로 자신의 소유를 감당하지 않으면 비참한 결과에 이르게 됩니다.

비전과 욕망을 말할 때 가장 논란의 대상이 되는 것은 세속적 성공(재물과 허영심과 권력과 행복)에 대한 태도입니다. 세속적 성공에 대한 기준이 자기 사랑인지 사랑하기 위한 도구인지가 중요합니다. 자기 사랑이 되면 철저하게 개인적인 욕망으로 흐르게 됩니다. 자신을 위한 물질, 자신을 위한 권력, 자신을 위한 쾌락, 자신만을 위한 행복을 사랑한다면 그것은 두말할 것 없는 욕망입니다. 무엇을 하든 선한 열매는 나타나지 않습니다. 자신의 욕망을 충족하기 위한 도구에 불과합니다.

오래전에 불렀던 복음 성가가 있습니다. 사랑은 참으로 나누는 것이라는 찬송이었습니다. 그 노래가 더 이상 불려질 수 없는 현실이 된 것 같아 마음이 아픕니다.

"사랑은 참으로 버리는 것, 버리는 것, 버리는 것, 사랑은 참으로 버리는 것, 더 가지지 않는 것.

이상하다 동전 한 닢 움켜잡으면 없어지고 쓰고
빌려주면 풍성해져 온 땅 위에 가득하네. 오! 사
랑은 참으로 버리는 것, 버리는 것, 버리는 것, 사
랑은 참으로 버리는 것, 더 가지지 않는 것. 자 내
일 걱정일랑 버리고 모든 염려 주님께 맡기세요.
사랑은 참으로 버리는 것 더 가지지 않는 것."

여기서 버린다는 것은 나눈다는 의미입니다. 그래서
나중에 '나누는 것'으로 개사하여 부르기도 하였습니
다. 이 노랫말이 비전이 무엇인지를 잘 보여줍니다. 하
나님 나라를 위한 꿈이 어떤 것인지 분명하게 말하고
있습니다.

나에게 주어진 물질, 권력, 지식, 재능, 행복 등 모든
것이 이웃 사랑을 위한 도구가 되어야 합니다. 주님은
움켜잡으면 욕망이 되고, 흘려 보내면 비전이 된다고
말씀하십니다. 그래서 말씀이 입에 가득해야 합니다.
마음에 가득한 말씀이 비전을 이루는 힘이 되기 때문

입니다. 나누는 것은 윤택하게 되는 길이기도 합니다. 하나님의 법이 사람의 본성과 다릅니다. 그러나 항상 옳습니다.

"흩어 구제하여도 더욱 부하게 되는 일이 있나니 과도히 아껴도 가난하게 될 뿐이니라 구제를 좋아하는 자는 풍족하여질 것이요 남을 윤택하게 하는 자는 윤택하여지리라(잠 11:24-25)"

쓰고 빌려주면 풍성해져 온 땅 위에 가득 찬다는 노래는 이 말씀에 대한 믿음의 고백입니다. 왜 나눠줄 때 이러한 복이 주어질까요? 구제는 하나님께 꾸어드리는 것이기 때문입니다. 그래서 하나님이 반드시 갚아주십니다[8].

비전과 욕망은 늘 같은 자리에 있습니다. 그러나 무

---

[8] 가난한 자를 불쌍히 여기는 것은 여호와께 꾸이는 것이니 그 선행을 갚아 주시리라(잠 19:17)

엇을 사랑하는지에 따라서 그 길이 달라집니다. 같은 직장에 있어도 다른 길을 갑니다. 같은 교회에 있어도 다르게 삽니다. 사랑의 모습에 따라서 삶의 여정과 결말은 전혀 다릅니다. 욕망은 슬피 울며 이를 갈게 됩니다. 비전은 위로와 격려를 받습니다. 무엇이든지 자신을 사랑하기 위한 도구라면 욕망입니다. 무엇이든지 하나님과 이웃을 위한 사랑의 도구라면 비전입니다. 하나님은 우리에게 비전을 주셨습니다. 그런데 사람들이 왜곡하였습니다. 예수님을 믿는 것은 이 왜곡을 바로잡는 일입니다. 그리스도인은 욕망의 사람이 아니라 비전의 사람입니다. 무엇을 사랑합니까? 이것이 여섯 번째 표지입니다.

8장. 추구함

―――――――――

한때 괴상한 인물이 나와서 한국 교회를 혼란시킨 적이 있습니다. 지금도 그 여진은 남아 있습니다. 물론 그전에 선교단체에서 유행하였던 주장이었는데, 점차 교회로 침투하였고 이를 이용하여 대형교회로 성장하였습니다. 많은 사람들이 부러워하였던 교회였고, 신학생들이 선망하였던 인물이기도 하였습니다. 하지만 그 신기루는 한순간에 무너지고 말았습니다. 온갖 기괴한 일들이 개인 사무실에서 일어났습니다. 교회는 사회의 지탄을 받게 되었습니다. 그런데 여전히 사라지지 않고 추종자들을 이끌고 여전히 종교 사업을 하고 있습니다.

이 사람이 추구하였던 것은 일명 고지론이었습니다. 고지론의 핵심은 성공하여서 높은 곳에 올라갈 때 더 많은 일을 할 수 있다는 논립니다. 아직 자신의 생각이 세워지지 않은 청년들은 이 말에 동조하였습니다. 그래서 성공이라는 허상을 위하여 매달렸고, 일부의 성공사례는 청년들을 성공이라는 허상으로 더욱더 매진하게 하였습니다. 청년들은 모여들기 시작했고 철야기도와 새벽기도는 문전성시를 이뤘습니다. 고지론은 정말 멋진 미끼였습니다.

이러한 모습은 선교를 중시하였던 한 단체를 통하여 이미 현실이 되었습니다. 오래전 직접 들은 이야기입니다. 선교를 쉽게 할 수 있는 도구로 외교관의 길을 권하는 것입니다. 외교의 일도 하고, 선교도 하는 두 마리 토끼를 다 잡을 수 있어 보입니다. 참으로 멋진 프로젝트라 할 수 있습니다. 그러나 여기에도 고지론이 깊이 깔려 있습니다. 자칫하면 주객이 전도되어 외교관이 우선되고 선교는 도구가 될 수 있습니다. 외교관이 되는 것과 별개로 선교의 일을 감당하는 것이 아니라 외교관이 되어야 선교를 합니다. 그러니 얼마나 멋지고 고상합니까? 바울과 같은 복음과 함께 고난받는 일은 미연에 방지됩니다.

하나님 나라를 위하여 사는 것은 은사에 따른 순종입니다. 은사를 주신 하나님의 명령에 따라 아골 골짝 빈 들에도 가는 것입니다. 여기에 비전과 욕망이 존재합니다. **고지론을 추구하면 그것은 욕망입니다.** 고지론을 추구하기 위한 기도와 헌신은 자칫 사단의 노리개가 될 수 있습니다. 고지를 점령해야 하나님께 축복받는 것으로 착각하게 됩니다. 이것은 낮은 자리가 있음을 전제합니다. 고지론자들은 모든 선택에 있어서 분명한 길을 갑니다. 친구를 사귀는 것도 고지를 점령하기 위한 도구가 됩니다. 배우자를 선택하는 것도 자신의 수준에 맞고, 고지를 점령하는 데 도움이 되는 사람을 구합니다. 교회도 고지 점령에 도움이 되는 곳을 찾습니다. 하나님께 기도하는 중심이 고지론이 됩니다. 하나님은 고지를 점령하기 위한 협력자가 되어야 합니다. 그렇지 않으면 하나님은 자신의 역할을 제대로 행하고 있는 것이 아닙니다. 설교자의 설교는 고지를 점령하기 위한 수단이 되어야 하지, 자신이 가는 길에 방해가 되면 안 됩니다. 고지론은 세속적 욕망의 교회 버전이라 할 수 있습니다. 이것은 자신도 망하고, 교회도 허물게 합니다.

성경적 비전은 십자가의 영광을 추구합니다. 복음과 함께 고난 받기를 감당하는 신앙입니다. 고지론을 추구하지 않습니다. 십자가 신앙은 하나님의 영광이라는 분명한 목적을 가지고 자신에게 주어진 일에 최선을 다하고 감사하는 자세입니다. 어디에 있든 무엇을 하든 십자가의 영광을 추구합니다. 그러기에 고지대와 저지대와 혹은 남이 가지 않는 미답 지대도 관계하지 않습니다. 하나님의 영광을 위하여 정직하게 행동하고, 부지런히 힘쓰며, 한결같은 자세로 감당합니다. 바울에게서 욕망이 아닌 비전의 모습을 볼 수 있습니다.

"내가 궁핍하므로 말하는 것이 아니라 어떠한 형편에든지 내가 자족하기를 배웠노니 내가 비천에 처할 줄도 알고 풍부에 처할 줄도 알아 모든 일에 배부르며 배고픔과 풍부와 궁핍에도 일체의 비결을 배웠노라 내게 능력 주시는 자 안에서 내가 모든 것을 할 수 있느니라[빌 4:11-13]"

추구함의 가치가 다릅니다. 바울이 추구한 것은 주님 안에서 모든 것을 다 할 수 있다는 자세입니다. 그 자리가 어디라도 주님의 뜻을 감당합니다. 하나님은 모든 것을 합력하여 선을 이루십니다. 고지론과 저지론, 미답지론을 특정하지 않습니다. 주님의 은혜 안에서 복음과 함께 고난을 감당하고, 모든 것을 할 수 있습니다. 이것이 비전의 사람이 가는 길입니다.

비전의 사람은 오직 하나님의 영광이라는 목적을 가지고 자신의 길을 갑니다. 가면서 기도하고 인도하심을 구합니다. 하나님이 예비하시고 작정하신 그 뜻을 이루는 일에 순종합니다. 그 길이 어떤 길인지 오직 하나님만이 아십니다. 하나님이 가장 좋은 길로 인도하십니다. 그래서 비전의 사람들은 모두 같은 곳에서 만납니다. 새 하늘과 새 땅의 영광을 누립니다. 무엇을 추구하느냐가 전혀 다른 결과를 만들어냅니다. 일곱 번째 표지입니다.

9장. 기대함

―――――――――

　예수님을 향하여 욕망의 사람이라 말하지 않습니다. 바울을 향해서도 같은 평가를 내립니다. 사도들의 삶을 보면서 욕망에서 영광으로 옮겨간 사람이라고 말할 수 있습니다. **욕망은 모든 것이 자아중심적입니다.** 자아를 너무 사랑해서 자아 외에 다른 것을 사랑할 여력이 없습니다. 가족조차도 자신을 위하여 존재합니다. 자아중심적 사랑은 철저하게 타자를 배제합니다.

반면에 **비전을 사는 사람은 이웃, 특히 사회적 약자를 돌아봅니다.** 타자 중심의 삶이 자연스럽습니다. 야고보 사도가 말하였듯이 정결한 경건은 고난에 처하여 있는 약자들을 돌아봅니다. 그러면서 자신이 세속의 욕망에 빠지지 않도록 지킵니다. 자신을 지키는 것은 쉬운 일이 아닙니다. 자본주의 경쟁 사회에서는 더욱더 어렵습니다. 십자가의 은혜가 분명하게 있어야 합니다. 예수님과 함께 죽고 살아나는 거듭남이 있어야 합니다. 그러면 세속 욕망에서 자신을 지키는 걸음을 시작할 수 있습니다.

　자아중심적 사랑을 추구하는 사람들이 꿈꾸는 것은 보상입니다. 보상 없이는 어떤 일도 시작하지 않습니다. 보상은 단지 물질적인 것만이 아닙니다. 물질적인 복을 기준으로 자신의 이름을 내려고 합니다. 속담에 "호랑이는 죽으면 가죽을 남기고, 사람은 죽으면 이름을 남긴다"라는 말이 있습니다. 유교적 욕망의 절정에 있는 말입니다. 이름을 남기는 것이 명예요, 욕망입니다. 가끔씩 산에 가보면 오래된 바위에는 온갖 이름이 적혀 있습니다. 사람의 욕망을 잘 보여주는 장면입니다. 여전히 유교적 세계관에 지배당하고 있는 사람들은 입신양명을 최고의 가치로 둡니다.

하지만 이름이 남겨지는 것은 자연스러운 일입니다. 그것은 성경이 보여주는 모습이기도 합니다. 우리는 위대한 믿음의 사람들의 이름을 기억합니다. 히브리서 11장에 믿음의 사람들의 이름이 남겨져 있습니다. 히브리서 기자는 말합니다. "내가 무슨 말을 더 하리요 기드온, 바락, 삼손, 입다와 다윗과 사무엘과 및 선지자들의 일을 말하려면 내게 시간이 부족하리로다[히 11:32]" 수많은 이들의 이름을 알려줍니다. 끊임없이 기억하라는 말씀입니다. 그렇다면 이것이 유교적 욕망과 무슨 차이가 있습니까? 남겨지는 것은 이름으로 같은 것 아닙니까? 어떻게 생각하십니까?

세속적 입신양명과 히브리서 기자의 기록과의 차이

가 무엇입니까? 주체가 다릅니다. 세속적 이름 내기는 철저하게 자아 중심적 사랑입니다. 자신의 삶의 목적이고, 이유입니다. 그래서 모든 일에 이름을 남기는 일에 집중합니다. 자신의 이름이 빠지는 것에 대하여 불만을 갖고, 불안해합니다.

성경이 말하는 기념은 하나님이 높여 주심입니다. 주체가 하나님입니다. 그래서 사람이 내릴 수가 없습니다. 삶의 목적이 자신의 이름을 내는 것이 아니라 하나님의 영광을 위하여 살아갑니다. 열심을 다하여 사는 이유가 이웃과 함께 평안을 누리기 위함입니다. 자신이 누리는 성공이 하나님의 선물임을 알고, 교만하지 않습니다. 날마다 자신을 지키고 함께하고자 힘을 다합니다. 그러기에 하나님이 그를 기억하여 높여주시고 기념하십니다.

베드로 사도는 하나님의 능하신 손 아래에서 겸손하

면 때가 되면 너희를 높이신다고 하였습니다[9]. 높여주시고 그 이름을 하늘과 별과 같이 빛나게 하십니다. 그래서 죽어서도 복음을 전하는 삶을 살게 합니다.

기대함에 따라서 욕망이 되기도 하고, 비전이 되기도 합니다. 자신의 이름을 높이고, 남기고 싶은 갈망이 있다면 욕망의 자리에 서게 됩니다. 욕망은 끊임없이 주체적으로 영광을 추구합니다. 하지만 비전은 자신의 모든 것이 선한 일에 쓰이기를 기대합니다. 오직 하나님을 영화롭게 하고, 고난받는 이들을 위하여 나눔의 삶을 삽니다. 세례요한처럼 예수님은 알려지고, 자신은 사라져야 한다는 자세를 같습니다. 그래서 이웃이 그의 이름을 더 기억하고 싶어 합니다. 숨겨도 드러내어 사용합니다. 사람이 숨기면 하나님께서 때가 되면 높이십니다. 성산 장기려 장로님이 그런 분입니다.

하나님 앞에서 행하는 교만과 겸손이 욕망의 열매

---

9 그러므로 하나님의 능하신 손 아래서 겸손하라 때가 되면 너희를 높이시리라 (벧전 5:6)

와 영광의 면류관을 결정합니다. 그러기에 사람의 제일 되는 목적이 하나님을 영화롭게 하는 것임을 강조하는 것이고, 먹든지 마시든지 무엇을 하든지 하나님의 영광을 위하는 것입니다. 바울이 로마 교회에 보내는 편지에서 사나 죽으나 우리는 주님의 것이라고 고백한 이유입니다. 주님이 높여 주실 때까지 우리는 겸손하게 맡겨진 일에 순종해야 합니다. 큰 사랑과 순종은 하나님을 향한 온전한 신앙고백에서 나옵니다.

10장. 관심

―――――――――

"어떤 것에 마음이 끌려 신경을 쓰거나 주의를 기울임." 관심의 사전적 정의입니다. 누구나 관심을 가진 대로 살아갑니다. 관심이 가는 대로 행동하고, 말을 합니다. 관심의 최고선이 무엇이냐에 따라서 삶의 모든 행동이 달라집니다. 여기에서 욕망과 비전의 구분점이 생깁니다.

욕망에 사로잡힌 사람은 자신의 성취욕구, 가족의 풍요와 만족한 삶에 집중합니다. 인간이 죽어야만 사라지는 욕망 가운데 하나가 세상에서 인정받고 싶은 자아 성취입니다. 자신의 생각대로 살고 싶고, 인정받고 싶은 것이 인간이 가진 최고의 욕망입니다. 그 욕구의 표현이 좋은 차, 이름 있는 아파트, 맛집 여행, 멋진 몸매 등과 같습니다. 현대의 모든 광고들이 이러한 자기 만족을 부추깁니다. 성공은 자기가 하고 싶은 대로 사는 것입니다. 모든 인간의 마음에 깊이 박혀 있는 욕망입니다. 그러나 현실이 모든 욕망을 허용하지 않습니다. 그래서 가슴앓이합니다.

이러한 현대인의 마음을 잘 표현하여 사람들의 마음을 휘어 잡은 이들이 90년대는 서태지와 아이들이었다면 지금은 그보다 몇 배나 강력한 BTS입니다. 서태지와 아이들은 자기 중심적 삶을 촉구하였습니다. 거기에 얼마나 많은 이들이 열광하였는지 모릅니다. 그러나 지금은 90년대와 비교할 수 없는 초 경쟁 시대입니다. 신자유주의 경제의 절정에 있습니다. 살아있지만, 살아있는 것 같지 않은 시대입니다. 젊은 세대건 기성세대건 살아남으려고 분투하고 있습니다.

각종 투기는 시대의 치열함을 보여줍니다. 이러한 시대에 가치투자를 하자는 소리는 대담한 용기입니다. 광야에 외치는 소리일 수 있습니다. 그러나 바른 방향을 말하지 않으면 시대는 처참해집니다. 지금 그러한 모습들이 전 세대를 통하여 나타나고 있습니다. BTS는 이러한 시대의 아픔을 정확하게 알려주고 있습니다.

"지겨운 same day, 반복되는 매일에, 어른들과 부모님은 틀에 박힌 꿈을 주입해, 장래희망 넘버원... 공무원? 강요된 꿈은 아냐, 9회말 구원투수, 시간 낭비인 야자에 돌직구를 날려, 지옥 같은 사회에 반항해, 꿈을 특별 사면, 자신에게 물어봐 네 꿈의 profile, 억압만 받던 인생 네 삶의 주어가 되어 봐, 네가 꿈꿔 온 네 모습이 뭐야, 지금 네 거울 속엔 누가 보여, I gotta say, 너의 길을 가라고, 단 하루를 살아도, 뭐라도 하라고, 나약함은 담아 둬"(NO MORE DREAM).

"지옥 같은 사회에 반항해, 억압만 받던 인생 네 삶의 주어가 되어 봐" 강력한 메시지라 할 수 있습니다. 이렇듯 억압에 대한 반작용으로 자신이 삶의 주인공이 되라고 말합니다. 이러한 노래는 젊은 세대에 강력한 메시지를 전달하였습니다.

이 메시지가 잘못 전달되면 욕망의 화신이 됩니다. 그러나 바르게 전달되면 비전의 삶이 됩니다. 네 삶의 주어가 되기를 원하는 세대가 가지고 있어야 할 모습은 자기욕망적 삶이 아닙니다. 자기 만족과 개인적 풍요 그리고 가족의 평안이라는 빈약한 가치가 삶의 주어가 된다면 그것은 끔찍한 결말을 가져옵니다. 욕망은 반드시 관계의 어려움을 가져오기 때문입니다.

비전의 사람 역시 삶의 주어가 되고자 합니다. 주체적인 삶을 살고자 합니다. 하지만 그 의미가 다릅니다. 자신을 주체적으로, 존귀한 존재로 인식하는 것은 자신이 그에 합당한 자격을 가지고 있어서가 아니라 하나님의 형상에 있습니다. 그리스도의 구속의 은혜에 있습니다. 그러기에 자신의 만족을 추구하는 삶이 아니라 이웃과 열방을 향한 관심이 그를 지배합니다. 모든 관심이 하나님을 영화롭게 하는 것에 있습니다. 이웃을 사랑하는 일에 있습니다. 그 일을 감당하고자 열심히 공부합니다. 누리기 위하여 공부하는 것이 아니라 나누기 위하여 최선을 다합니다.

삶의 주어가 되지만 그 주어는 철저하게 하나님을 영화롭게 하고, 이웃을 사랑하고 섬기는 일에 나타납니다. 주체적인 삶이 자신의 만족에 있지 않습니다. 세상에서 인정받고자 하는 자기 성취에 함몰되지 않습니다. 오히려 세상의 것을 배설물과 같이 여기고 하나님의 뜻대로 가난한 사람들을 위하여 섬김의 삶을 삽니다. 누구보다도 열심히 공부하고, 최선을 다하여 일하고, 온 힘을 다하여 성취하지만 나누는 자리로 항상 나갑니다.

욕망은 항상 자기 성취에 만족하지만, 비전은 더러움이 없는 경건을 이루는 것을 우선합니다. 모든 관심이 더러움이 없는 경건을 이루는 것에 있습니다. 항상 자기를 지켜서 세상의 욕망에 빠지지 않도록 싸웁니다. 비전은 그러합니다. 당신의 관심의 최고선은 무엇입니까?

11장. 바라봄

눈은 마음을 이끕니다. 눈이 가는 곳에 마음은 항상 함께합니다. 눈과 마음이 따로 놀 수 없습니다. 눈을 보면 그 사람의 마음을 알 수 있습니다. 눈이 보는 대로 삶을 이끌어간다고 해도 과언이 아닙니다.

사도 요한은 이 사실에 대하여 "안목의 정욕[10]"이라는 말로 표현하였습니다. 눈이 가진 욕심이 삶을 어떻게 지배하는지 잘 보여주는 말입니다. 안목의 정욕은 하나님께로부터 온 것이 아니라 세상으로부터 왔다고 말씀합니다. 눈이 문제가 아니라 눈이 가지고 있는 정욕이 문제입니다.

오래전 미국 드라마 가운데 "육백만 불의 사나이"가 있었습니다. 이 사람의 능력은 일반 사람의 눈으로 볼 수 없는 것을 식별할 수 있는 능력입니다. 그런데 주로 나쁜 사람들만 봅니다. 그래서 정의를 실행합니다. 모든 사람들이 이러한 눈을 가지고 있으면 얼마나 좋겠습니까? 그런데 현실은 정욕으로 가득 찬 눈만 있습니다. 남들보다 더 돈 되는 정보를 보는 눈, 육신의 정욕을 위하여 살피는 눈, 거짓을 들키지 않도록 피하는 눈 등입니다.

---

10 이는 세상에 있는 모든 것이 육신의 정욕과 안목의 정욕과 이생의 자랑이니 다 아버지께로 좇아 온 것이 아니요 세상으로 좇아 온 것이라(요일 2:16)

욕망과 비전의 차이도 보는 것에 따라 달라집니다. 같은 곳을 보면서도 욕망일 수 있고, 비전일 수 있습니다. **우선 보이는 것이 전부라 알고, 보이는 것에 영끌하는 것은 욕망입니다.** 욕망은 하나님 나라를 보지 않습니다. 마지막 주어질 정의로운 심판을 보지 않습니다. 오직 이 땅에서 누릴 것만 봅니다. 그래서 내일은 없습니다. 부정과 불의를 통하여 편법을 쓰는 일에도 양심의 가책을 받지 않습니다.

큰 도둑은 많이 배운 놈들이라는 말이 있습니다. 서민들이 나라를 팔아먹지 않습니다. 서민들이 독재를 통하여 부를 축적하지 않습니다. 그러나 배운 놈과 가진 놈들이 나라를 팔아먹기도 하고, 독재를 행하기도 합니다. 이들에게는 마지막 심판이 보이지 않습니다. 오직 자신의 눈에 보이는 것이 전부라 생각합니다. 그래서 자신에게 주어진 권력을 철저하게 자신의 욕망을 위하여 사용합니다. 물론 멋지게 포장합니다. 나라를 구하고, 국민의 삶을 높이고, 공의로운 나라를 만들겠다고 합니다. 그런데 그 자신이 공의를 지키지 않고, 국민을 위하여 자신의 것을 나눠준 적이 없습니다. 평상시에 가난하고 힘든 이들과 억울하고 지친 사람들을 위한 자신의 재능을 기부한 적이 없습니다. 오로지 자신이 가진 재능을 가지고 부와 권력을 추구하다가 더 큰 권력을 갖고 싶어 합니다. 그리고 착한 사람 코스프레를 합니다. 큰 사기꾼들의 공통된 특징입니다.

비전은 보이는 것은 잠깐이고, 보이지 않는 것이 영원함을 알고 살아갑니다. 그래서 세상의 것을 배설물로 여길 수 있습니다. 자신에게 주어진 재능과 부가 하나님 나라를 위하여 맡겨주신 것임을 반복하여 인식합니다.

하나님 나라를 바라보면서 살아갑니다. 마지막 심판이 있음을 기억하면서 오늘을 살아갑니다. 안목의 정욕과 싸울 수 있는 힘을 구하면서 살아갑니다. 이 싸움은 사람이 감당할 수 없습니다. 오직 성령님의 도우심이 있어야 합니다. 우리의 본성은 보이는 것에 집중합니다. 그러나 성령은 보이지 않지만, 영원한 것이 집중합니다. 영원한 것을 알고 있기에 일상의 삶에서 자신에게 맡겨진 일에 누구보다도 최선을 다하지만, 그 열매는 하나님의 뜻에 따라 나누기를 기뻐합니다. 교회는 하나님의 뜻을 알려주는 곳이고, 소통하고 연결하는 곳입니다. 그래서 비전의 삶을 살 수 있게 합니다.

안목의 정욕이 가장 뜨겁게 나타나는 곳이 바로 결혼입니다. 결혼만큼 전쟁이 치열한 곳은 없습니다. 결혼 앞에는 하나님도, 말씀도, 비전도 후순위가 됩니다. 오직 안목의 정욕이 우선순위입니다. 하나님의 약속도 보이지 않고 들리지 않습니다. 외모, 직장, 아파트, 건강, 가정 등 우선순위가 가득합니다. 이것들은 결혼을 위하여 필요합니다. 그러나 우선순위는 아닙니다. 안목의 정욕은 그 사람됨을 보지 못하게 합니다.

성품이 아무리 좋아도 외모가 아니면 거부합니다.

신앙이 좋고, 성품이 좋아도 직장이 없으면 거부합니다. 신앙도 없어도 직장과 외모만 좋으면 됩니다. 사는데 집이 더 중요하다고 생각하고, 성품은 중요하다는 생각을 하지 않습니다. 살다가 마음이 들지 않으면 헤어지면 된다는 생각을 갖고 있습니다. 그러니 태어난 아이를 버리고, 죽게 하는 끔찍한 범죄를 저지릅니다.

어디를 보고 있는지? 무엇을 보고 있는지? 보는 것이 우리의 삶을 철저하게 지배합니다. 욕망의 사람인지, 소명의 사람인지 분명하게 나타납니다. 같은 것을 보고 있다고 하더라도 전혀 다른 결과에 이릅니다.

12장. 가치

―――――――

　가치는 "인간이 대상과의 관계에 의해 지니게 되는 중요성" 혹은 "사물이 지니고 있는 값이나 쓸모"를 의미합니다. 그 나라의 문화는 사회의 가치를 반영한다고 할 수 있습니다. 그런 측면에서 지금 일고 있는 부동산 투기와 주식 투기는 우리나라 사람들의 가치가 어디에 있는지 보여주는 지표라고 할 수 있습니다.

6.25 전쟁 이후에 60년대의 어려운 시기와 70년대의 산업화를 거치면서 형성된 가치체계는 교육을 통한 성공과 부의 창출이었습니다. 그래서 부모 세대는 배고파도 자녀 세대는 배불러야 한다는 일념으로 교육시켰습니다. 입시제도의 변화는 그러한 가치체계를 잘 보여줍니다. 저녁 뉴스의 주 메뉴가 사교육과 비용이었습니다. 그리고 함께 떠오른 학군입니다. 여기에 부동산 투기의 씨앗이 뿌려지고 있었습니다. 성공과 부의 창출은 돈이면 무엇이든 할 수 있다는 가치를 만들어 냈습니다. 사람의 가치는 돈에 있다는 생각이 사회를 지배하였습니다.

80년대 민주화 운동을 하였던 세대들이 있습니다. 이들은 한국 사회의 민주화를 이루는 데 중요한 지분을 가지고 있습니다. 그러나 동시에 우리 사회의 쓰레기인 부와 성공을 배설하기도 하였습니다. 민주화의 목적이 사회의 새로운 가치를 만들어 내는 것이 아니라 부와 성공이었습니다. 그리고 이를 기반으로 한 21

세기는 쾌락과 허영으로 가득 차 버렸습니다. 이들 세대의 자녀들이 살고 있는 21세기는 끔찍한 이기주의와 욕망으로 가득 차 있습니다.

21세기의 가치는 물질적인 풍요와 성공 그리고 쾌락과 허영을 빼앗기지 않고 지키고 세습하여 누리는 현실에서 부동산 투기는 강력한 도구가 되었습니다. 이미 조짐이 있었지만, 광풍이 분 것은 부와 성공, 쾌락과 허영의 세습을 견고하게 하는 길을 발견하였기 때문입니다. 누린 자들이 계속하여 누릴 수 있는 욕망을 부동산이 한몫하였습니다. 정부의 정책은 투기를 잡는 것에 역부족이었고 오히려 기득권자들의 부동산 욕망을 서민들에게 전파하게 되었습니다. 그러니 10억 주면 감옥에 1년 동안 갈 수 있느냐는 질문에 응답자 51%의 대학생들이 찬성하는 사태가 일어난 것입니다. 이러한 생각을 가진 젊은이들이 내부 정보를 접할 수 있는 요직에 들어갔을 때 얼마나 흥분되겠습니까? 고양이 앞에 생선이 주어진 것입니다.

이제 그 욕망이 부동산에서 각종 주식과 코인 투기로 옮겨가고 있습니다. 가치투자가 아니라 욕망 투기가 또 하나의 광풍으로 불고 있습니다. 이제 공부를 굳이 해야 할 이유가 상실됩니다. 젊은 세대가 결혼하지 않고, 결혼해도 아이를 낳지 않습니다. 부와 성공과 쾌락과 허영이 사회적 가치로 가득 차 있는 현실에서 선뜻 누가 결혼과 출산을 하겠습니까? 결국 비혼 출산이라는 끔찍한 일들이 일어나는 것입니다. 현대판 씨받이가 생겨나고, 씨받이 공장이 출현하지 않으리라고 누가 장담할 수 있겠습니까?

코로나19는 새로운 가치를 만들어야 한다고 외치고 있습니다. 뉴노멀이 바로 그 지점입니다. 앞으로 절대적 기준을 해체하는 일은 더욱 거세어질 것입니다. 그러나 그 내면은 여전히 부와 성공 그리고 쾌락과 허영입니다. 육적 욕망이 더욱 거세어지는 시대가 올 것이고, 지키고 세습하여 영원히 누리고자 하는 욕구가 거세어질 것입니다. 교회 역시 가난의 세습을 증오하고 부의 세습을 진행하고 있습니다.

우리 시대는 세상과 교회가 같은 배를 타고 가고 있습니다. 그래서 사람을 판단할 때 외적인 요소가 가장 큰 역할을 합니다. 집안을 볼 때 부의 세습을 보지 가문의 정신을 보지 않습니다. 어떻게 살아왔는가는 중요하지 않습니다. 어느 대학을 나왔고, 부의 수준이 어느 정도 되느냐만 봅니다. 그 사람이 가지고 있는 가치를 외적인 것에서 찾습니다. 참으로 천박한 세상이 되었습니다. 아름다운 성품과 견고한 신앙은 중요한 기준이 아닙니다. 세상만 그렇지 않습니다. 교회도 비슷합니다. 복음과 함께 고난받는 길을 걸어가는 동역자, 교회, 배우자를 좋아하지 않습니다. 그런 말 하면 너만 잘났냐, 좋은 신앙인 났네, 그래 한번 잘해봐라, 꼭 그렇게 예수 믿어야 하냐고 비꼽니다. 그런데 비신앙인이 아니라 신앙인이 그렇게 말합니다. 교회는 그래도 커야지, 합니다. 큰물에서 논 사람이 큰 사람이라고 사기 칩니다. 사도 바울의 말은 쇠귀에 경 읽기입니다.

"형제들아 너희를 부르심을 보라 육체를 따라 지혜 있는 자가 많지 아니하며 능한 자가 많지 아니하며 문벌 좋은 자가 많지 아니하도다 그러나 하나님께서 세상의 미련한 것들을 택하사 지혜 있는 자들을 부끄럽게 하려 하시고 세상의 약한 것들을 택하사 강한 것들을 부끄럽게 하려 하시며 하나님께서 세상의 천한 것들과 멸시 받는 것들과 없는 것들을 택하사 있는 것들을 폐하려 하시나니 이는 아무 육체라도 하나님 앞에서 자랑하지 못하게 하려 하심이라[고전 1:26-29]"

이 말은 좋은 말이지 내게 필요한 말은 아니라고 생각합니다. 그러기에 예수님이 하신 말씀은 들리지 않습니다.

"심령이 가난한 자는 복이 있나니 천국이 저희 것임이요[마 5:3]".

"한 사람이 두 주인을 섬기지 못할 것이니 혹

이를 미워하고 저를 사랑하거나 혹 이를 중히 여
기고 저를 경히 여김이라 너희가 하나님과 재물
을 겸하여 섬기지 못하느니라[마 6:24]"

가치를 어디에 둘 것인지는 정말 중요합니다. **가치
가 부와 성공과 쾌락과 허영을 지키고 세습하여 영원
토록 누리는 것에 있다면, 하나님의 나라는 아무 관련
이 없습니다. 그 가치가 하나님의 형상으로 지음받은
자부심과 하나님의 약속과 그 나라에 있다면**[11] **비전의
사람입니다.** 구원받은 그리스도인에게서 나타나는 열
매 가운데 하나는 선한 일에 열심을 냅니다. 이때 선한
일은 개인적인 경건을 말하기도 하지만, 넓은 의미에
서 자신에게 주어진 재능과 은사를 통하여 산업을 일
으키고, 많은 사람에게 도움을 주는 일입니다. 자신만
사는 것이 아니라 함께 살아가는 세상을 만드는 것이
하나님께 행하는 일입니다.

---

11 너희는 먼저 그의 나라와 그의 의를 구하라 그리하면 이 모든 것을 너희에게
더하시리라 그러므로 내일 일을 위하여 염려하지 말라 내일 일은 내일 염려할 것
이요 한 날 괴로움은 그날에 족하니라(마 6:33-34)

그리스도인은 이러한 가치를 가지고 사는 사람이며, 이 땅에 그러한 가치가 삶이 되도록 힘쓰고 애쓰는 사람입니다. 예수님은 성도들의 착한 일이 빛과 같은 것이고, 착한 일은 사람들이 하나님께 영광을 돌리게 한다고 하셨습니다.

"이같이 너희 빛을 사람 앞에 비치게 하여 저희로 너희 착한 행실을 보고 하늘에 계신 너희 아버지께 영광을 돌리게 하라[마 5:16]"

그리스도인은 이 땅의 빈약한 가치를 허물고 견고하고 영원한 가치를 세우는 사람입니다. 그 일을 위하여 택하셨습니다. 가치 있는 일은 개인의 경건에서 끝나는 것이 아니라 하나님 나라를 이루는 핵심입니다. 그래서 소명은 비전을 이루고 비전은 역사를 만들고 역사는 하나님께 영광을 돌립니다. 우리가 그 일에 쓰임 받기를 기대합니다.

13장. 무엇을 욕망할 것인가?

사람은 본래 욕망하는 존재입니다. 하나님께서 그렇게 창조하셨기 때문입니다. 하나님이 주신 욕망은 하나님을 욕망하는 것입니다. 그래서 믿음의 선배들이 작성한 웨스트민스터 소요리문답 1문은 이 부분을 명확하게 지적하였습니다[12]. 욕망의 사전적 의미는 "무

---

12 문: 사람의 제일 되는 목적이 무엇입니까? 답: 사람의 제일 되는 목적은 하나님을 영화롭게 하는 것과 그를 영원토록 즐거워하는 것입니다.

엇을 가지거나 하고자 간절하게 바람. 또는 그러한 마음"입니다. 그러므로 사람의 제일 되는 목적은 하나님을 욕망하는 것입니다. 하나님을 욕망하며 살아가는 것이, 사람이 가진 최고의 행복입니다.

그런데 사단은 사람의 욕망을 왜곡시켰습니다. 하나님을 욕망하는 것에서 보이는 것, 손에 잡히는 것, 자신이 지배할 수 있는 것으로 왜곡시켰습니다. 죄는 다른 말로 하면 하나님을 욕망하는 것에서 피조물을 욕망하는 것으로의 전환이라고 할 수 있습니다. 하나님을 사랑하는 것에서 세상을 사랑하는 것으로 배신한 것입니다. 하나님을 섬기는 것에서 죽은 형상을 숭배하는 것으로의 배교입니다.

첫 사람 아담이 본질적 욕망에서 벗어나자 엄청난 악행이 시작되었습니다. 가인이 아벨을 죽이는 일이 일어났습니다. 하나님에게 인정받지 못한 불만에 동생 아벨을 죽이는 끔찍한 일을 하였습니다. 가인에게 있는 왜곡된 욕망은 자신을 돌아보지 않게 하고, 시기하고 질투하고 저주하게 만들었습니다. 자신이 가지지 못한 것은 다른 사람도 가지면 안 됩니다. 이 얼마나 처참하고 가슴 아픈 일입니까?

욕망의 저주는 노아 시대의 사람들을 거쳐 바벨의 사람들에서 절정을 이뤘습니다. 하나님은 사람을 지으신 것을 후회한다는 표현을 쓰셨습니다. 왜곡된 욕망에 사로잡힌 인간을 향한 하나님의 찢어지는 마음을 보여줍니다. 하나님은 이 일을 바로잡기 위해 구체적으로 준비하십니다. 갈대아 우르에서 한 사람을 선택하십니다. 아브라함을 선택하신 하나님은 그에게 구체적인 언약의 시행을 보여주십니다. 장차 이뤄질 구원의 역사를 아브라함과 이삭과 야곱에게 알려주십니다. 그러나 인간의 욕망은 점점 거세어져 갔습니다. 하나님을 알지 못하는 흩어진 바벨의 사람들은 더욱 강력한 욕망의 도구가 되었습니다.

하나님을 알지 못하는 이들의 전형적인 악함은 이집트의 왕 바로를 통해 볼 수 있습니다. 9가지 재앙을 보았음에도 끝까지 완악한 자세를 가집니다. 마침내 10번째 재앙이 임하여 모든 장자가 죽자 그제야 자신의 욕망을 포기합니다. 바로는 하나님을 거부하는 모든 인간의 모습입니다. 물론 그 모습은 신자의 삶에도 존재합니다. 하나님의 은혜로 해방과 자유를 얻은 이스라엘 백성들의 욕망은 결국 나라가 망하는 결과를 가져왔습니다. 왕을 원하는 욕망에서 시작하여 풍요와 다산을 추구하는 바알 신앙의 욕망은 하나님에게서 멀어져 갔습니다. 바알의 욕망은 하나님을 대적하는 일입니다. 첫 사람 아담이 범한 죄와 같습니다. 하나님을 반역하고, 불순종하는 사악한 죄입니다.

이스라엘은 잠시의 영광은 누렸지만 결국 역사의 심판을 받아야 했습니다. 인간의 욕망은 하나님이 고쳐주시지 않으면 치유될 수 없습니다. 하나님은 이 일을 성취하시기 위하여 첫 사람 아담에게 약속하신 대로 사람의 몸을 입으시고 우리 가운데 오셨습니다. 예수님은 모든 인간이 가지고 있는 욕망의 중심을 깨뜨리셨습니다. 내가 온 것은 섬김을 받으려 함이 아니라 섬기려 함이라고 하셨습니다. 섬김을 받는 것 즉 권력을 누리는 것은 인간의 본질적 욕망입니다. 하나님을 떠난 인간은 끊임없이 권력 욕망에 사로잡혀 살았습니다. 모든 인간은 욕망하는 존재입니다. 사람을 지배하는 욕망은 여러 영역에서 처참한 결과를 가져왔습니다. 폭력적 가부장제, 직원을 무시하고 처벌하는 거머리 같은 악덕 기업, 독재를 위한 끔찍한 고문을 하는 정치인, 종교를 탄압하는 학살, 약자를 짓밟는 성폭행, 힘없는 태아를 살해하는 행위 등 끔찍한 결과를 만들었습니다. 섬김을 받으려는 인간의 욕망은 작은 것에서 시작하여 인류 전체에 영향을 미쳤습니다.

예수님은 섬김을 받으러가 아니라 섬기러 왔음을 십자가의 죽음을 통하여 확증하여 주셨습니다. 이제 예수 믿는 사람들은 권력 욕망을 교정받을 수 있는 길이 열렸습니다. 예수님의 십자가를 자랑하는 일입니다. 권력 욕망을 십자가에 죽이는 일입니다. 권력 욕망이 솟아올 때 십자가를 바라보아야 합니다. 그렇지 않으면 권력 욕망이 우리를 집어삼킬 것입니다.

신자들의 욕망은 예수님입니다. 십자가를 자랑하는 일입니다. 십자가를 향한 욕망이 분명할 때 우리는 사람의 제일 되는 목적에 다다를 수 있습니다. 무엇을 욕망할 것인가? 이제 분명해졌습니다. 흔들리지 않도록 늘 성령님을 의지하고, 믿음의 고백이 있어야 합니다.

욕망에서 소명으로, 소명에서 비전으로

욕망과 비전, 비전과 욕망의 관계를 11가지의 관점에서 살펴보았습니다. 둘의 관계는 종이 한 장 차이 같음을 봅니다. 마음의 상태에 따라서 비전이 되고, 욕망이 되는 것을 봅니다. 타락한 우리에게 있어서 욕망이 더욱 친근합니다. 구원받았다 할지라도 옛 본성이 남아 있는 우리는 기회만 되면 욕망의 자리로 가려고 합니다. 교회가 정상적인 방법이 아니라 비정상적인 방법으로 세습하는 것도 다 욕망입니다. 새로운 비전을 위하여 간다고 하지만, 욕망을 합리화하는 말입니다. 이것은 개인의 삶에서도 나타납니다. 욕망과 비전은 아주 가깝고, 전혀 다릅니다.

욕망은 철저하게 강자 중심의 이기심입니다. 비전은 온전하게 소명 중심의 타자성입니다. 욕망은 모든 것을 자기중심으로 살아갑니다. 비전은 성실하게 부르신 분의 뜻 안에서 살아갑니다. 욕망은 지배와 착취를 추구합니다. 비전은 사랑과 나눔을 실천합니다. 욕망과 비전은 살얼음판과 같습니다. 정신을 차리지 않으면 차가운 물 속으로 떨어집니다.

지금은 모두가 욕망의 힘에 매달려 살고 있습니다. 자신이 어디에 있는가를 보려면 욕망을 추구하는 자리에서 뒤로 물러나 자신을 돌아보아야 합니다. 나의 삶이 욕망을 추구하고 있는지, 비전을 이루고 있는지 정직하게 질문하고 답을 얻어야 합니다. 그것이 착한 일을 하는 자리에 이르는 길입니다. 그리스도인은 소명을 추구하면서 하나님을 욕망해야 합니다. 소명이 비전을 낳고, 비전이 역사를 만들고, 역사가 하나님을 영화롭게 합니다. 마침내 하나님의 창조 경륜이 완성됩니다.